Begleitbuch zum Seminar
„Entdecke die Macht deiner
Intuition „

Intuition

**Die Stimme aus der Quelle,
dem ewigen Sein,
ist der Schlüssel für eine
ganzheitliche und friedliche
Zukunft der Menschheit**

Ein Weg, um mit Vertrauen und in Liebe
eine neue friedliche Welt zu erschaffen

Alles was wirklich zählt, ist
Intuition.
Der intuitive Geist ist ein
heiliges Geschenk,
der rationale Geist ein
treuer Diener.
Wir haben eine
Gesellschaft, die den
Diener
ehrt und das Geschenk
vergessen hat.

(Albert Einstein)

Die Bedeutung des Begriffs Intuition:
mittellateinisch *intuitio* = *unmittelbare Anschauung*
lateinisch *intueri* = *genau hinsehen, anschauen*

Intuition bedeutet seinem Selbst zu vertrauen
und ist eine Schlüsselkompetenz für alle Lebensbereiche

Einstimmung

Der Gedanke, dieses Begleitbuch zu dem gleichnamigen Seminar zu gestalten, wurde im Jahr 2020 stark geprägt von der neuen Lebenssituation, in die wir alle geworfen wurden. Es passierten Dinge, die ich mir vorher nicht hätte vorstellen können. Es rührte sich ein immer stärkeres Gefühl in mir, zu schauen, wo denn alle Sorgen, Probleme, Nöte und Ängste herkamen. Die vielen Herausforderungen, aber auch Erkenntnisse, holten eine tiefliegende Kraft in mir hervor. Meine innere Stimme meldete sich immer öfter wurde lauter. Diese Stimme konnte ich nicht mehr ignorieren. Mein Leben wollte noch einmal überdacht werden. Da ich meiner Tätigkeit als Yogalehrerin in dieser Zeit nur sehr eingeschränkt Raum geben konnte, stellte ich mich in einer Ruhephase einer tiefen inneren Einkehr. Die Stille gab meiner inneren Stimme wieder eine Möglichkeit von mir gehört zu werden.

Mir wurde noch einmal deutlicher bewusst, wie wichtig es ist, dass wir uns als Menschen wieder mit dieser inneren Stimme – der Intuition – verbinden sollten, um unser Leben zu transformieren und die Welt zu einer besseren zu machen.

Was ist passiert? Der Mensch hat sich verloren in dem Wunsch nach anhaltender Sicherheit, Anerkennung, Macht und Kontrolle. Dafür hat er viel geopfert. Er tauschte seine Selbstwirksamkeit gegen Abhängigkeit. Er fiel auf Tricks und Lügen herein. Er verlor seine Energie, gesteuert durch den Verstand, etwa an ein *Du musst*, *Du sollst*, *Du brauchst* usw. Der Mensch baute sich eine Welt auf Unwahrheiten, Meinungen anderer und emotionaler Bedürftigkeit auf. Er unterlag dabei der Angst und dem Mangeldenken aufgrund der Nichtkonfrontation mit dem Tod und der fehlenden Selbstreflexion.

Dazu ist es zunächst wichtig zu verstehen, dass wir unseren Verstand sinnvoll einsetzten können, um uns im Alltag zurechtzufinden. Leider haben wir zugelassen, dass er uns zu sehr vereinnahmt und in Verwirrung bringen konnte. Dadurch fehlt uns ein elementarer Teil unseres menschlichen Seins. Das fehlende Puzzlestück dabei ist die Rückanbindung an die Quelle durch Intuition. Mit ihr können wir das Leben leben, das wir uns schon immer gewünscht haben. Wir erkennen, wer wir wirklich sind, was wirklich wichtig ist und wo es hingeht. Die Intuition ist die Stimme der inneren Führung und die Anbindung an das universelle Wissen. Es ist die Rückankopplung an die Quelle selbst. Wir sind mit ihr verbunden, wenn unser Herz zum Wohle aller Lebewesen denkt, fühlt, spricht und handelt.

Einleitung

Liebe Seminarteilnehmer und Leser,

Dieses Begleitbuch zum gleichnamigen Seminar ist aus der Frage entstanden: *Was geschieht in der Welt und was ist mit der Menschheit los, wo stehen wir und wo wollen wir hin?* Daraus leitete sich für mich einmal mehr die existentielle Frage ab, was der Sinn des Lebens ist.

Im Folgenden stelle ich dir Übungen aus unterschiedlichen Lehren vor, die im Kern dasselbe Ziel verfolgen zurück in die eigene Mitte zu finden und intuitiv zu werden. Diese Auswahl soll es jedem Interessierten ermöglichen, unterschiedliche Ansätze auszuprobieren, um für sich selbst eine regelmäßige Disziplin nach den eigenen Vorstellungen und Möglichkeiten finden zu können. Vielleicht werden auch einfach nur Impulse gesetzt, die dich auf deinem Weg begleiten.

Jeder kleine Schritt führt zu mehr Bewusstsein. Bereits eine einzige Übung kann genügen, um in die erforderliche innere Stille zu gelangen. Diese ist Voraussetzung, um Abstand von der bestehenden Informationsflut zu gewinnen. Du kannst dich somit mehr auf das Wesentliche konzentrieren.

Die Formel lautet: Stille – Intuition - Liebe

Ich wünsche dir, dass auch für dich Übungen dabei sind, die sich für dich stimmig anfühlen und die zu deinem individuellen Alltag passen. So hast du es in der Hand, dein persönliches Wachstum zu fördern und immer mehr bei dir selbst anzukommen.

Das Wahre ist im Grunde
immer einfach.

Das hierbei verfolgte Ziel ist, das Thema INTUITION wieder als das zu sehen, was es ist: Eine natürliche Fähigkeit, die jedem Menschen innewohnt. Sie ist die natürliche Wahrnehmung aus der Stille, dem Leben im SEIN und die dritte Stufe unseres Bewusstseins: So begannen wir als Kind mit der ersten Stufe – dem Instinkt – zu leben und beim Aufwachsen lernten wir an zweiter Stelle den Intellekt kennen. Der Verstand übernahm unser Denken und Verhalten.

In der dritten Stufe wird uns dann bewusst, dass uns der Verstand nur als Werkzeug dienen sollte und nicht als bestimmende Instanz. Unsere Aufgabe ist es nun, unsere dritte natürliche Fähigkeit wiederzuerkennen und zu verstehen, warum es so wichtig ist, bewusster zu werden und aus der Intuition heraus unser Leben zu gestalten. Wir werden wirklich erwachsen.

Kurt Tepperwein etwa beschreibt die Intuition als natürliche Wahrnehmung aus der Stille, die mit den Augen der Seele erfolgt. Dabei agieren wir nicht mehr aus der Position des Verursachers sondern aus der des Beobachters.

Dieser innere Blick ist dabei völlig unabhängig von jedweder Glaubensrichtung oder religiösen Zugehörigkeit und jedem Menschen zugänglich. Es ist lediglich wichtig, den Willen zu haben, zu erkennen, welche Fähigkeiten unterdrückt oder verdrängt wurden, und wie diese verborgenen Kräfte wieder aktiviert und in unser Leben integriert werden können.

Wenn wir unsere Intuition wieder erfahren und aus ihr heraus leben können, wird vieles im Leben der Menschen deutlichen Veränderungsprozessen unterliegen. Wir werden den anderen nicht mehr für Egozwecke benutzen und es kann Harmonie und Frieden einkehren. Es bedeutet unsere Bedürftigkeit zu überwinden.

Dies ist ein Prozess. Je intensiver wir unsere Intuition schulen, desto schöner und leichter wird das Leben für jeden Einzelnen und sein Umfeld. Es wird sich richtig anfühlen und Vertrauen und Liebe stärken. Unter diesen Voraussetzungen können Kriege im Kleinen und folglich auch im Großen verschwinden und sich vollkommen neue Möglichkeiten eröffnen.

Gerade in der heutigen Zeit, in der eine Informationswelle nach der anderen uns entgegen schwappt, wo Menschen kaum noch Zeit haben, sich selbst wahrzunehmen und zu spüren, werden wir immer abhängiger von den Handlungen und Meinungen anderer. Sobald wir wieder gelernt haben, unserer Intuition zu folgen, entsteht Raum und Zuversicht sowie ein Gefühl von tiefem Vertrauen und bedingungsloser Liebe. Unsere Gedanken und Handlungen entstehen dann aus einem neutralen Geist heraus und wir erlangen wieder Selbstwirksamkeit. Abhängigkeiten vom Außen lösen sich auf.

Ein neutraler Geist entsteht, wenn man den positiven und negativen Geist begreift und von Wertungen Abstand nehmen kann.

Wenn du eine Gehirn-Herz-Kohärenz herstellen kannst, bist du darüber hinaus in der Lage, ein freies und positives Leben zu führen und deinen Geist und deine Psyche zu heilen. Dies kann auch positive Auswirkungen auf dein Umfeld und deine Mitmenschen haben. Dies wird an späterer Stelle im Detail erläutert werden.

Zu Beginn möchte ich allgemeingültiges Wissen mit dir teilen.

Was ist Intuition?

Intuition ist die wahre Führung im Leben.

Intuition ist viel mehr als nur ein Bauchgefühl. Das Bauchgefühl kommt oftmals aus unseren Erfahrungen und

Erkenntnissen, also aus dem Bereich des Unterbewusstseins, der Emotionen, die wir zwar irgendwann in der Vergangenheit gelernt und erfahren, aber auch wieder vergessen haben. Hier handelt es sich viel eher um Erinnerungen, die uns nicht mehr bewusst zugänglich sind.

Eine weitere Art des Fühlens könnte man als eine Form von Feinfühligkeit beschreiben. Hierbei handelt es sich um eine Fähigkeit unseres Nervensystems, Signale aus der Umwelt zu erkennen, wahrzunehmen und entsprechend darauf zu reagieren. Dazu zählt die Sensibilität und auch die Empathie.

Beide Bereiche sind aber nicht mit einer wahren Intuition gleichzusetzen. Die hier angesprochene Intuition ist etwas viel Größeres. Sie gibt eine unmittelbare Anleitung aus der Quelle, die vom Leben selbst unterstützt wird. Sie ermöglicht es, auf nicht-rationale Weise das zu erfassen, was noch nicht sichtbar geworden ist und schenkt Vertrauen in den Prozess. Die Intuition ist tief mit unserer Seele verbunden und ist das, was allgemein unter der Sprache der Liebe beschrieben werden kann.

Die Anbindung an die Quelle die als Göttliche-Ordnung verstanden werden kann, bedeutet zu vertrauen und den Weg der bedingungslosen Liebe zu gehen. So sorgt die Quelle für Balance aus ganzheitlicher Sicht. Sie impliziert somit automatisch auch eine höhere Moral und Gerechtigkeit, die das menschliche Ego überschreitet und mit dem Verstand oft nicht erfasst werden kann. Sie dient dem Wohle aller. Die Stimme der Quelle ist die Intuition.

Handeln wir aus dem Alltagsbewusstsein aus dem Verstand anstelle der Intuition, verursachen wir Situationen nach dem Prinzip von Ursache und Wirkung. Dies ist gleichzusetzen mit dem, was im Buddhismus unter Karma verstanden wird. Dabei folgt die Wirkung manchmal in direkter zeitlicher Nähe zur Ursache, kann aber auch zu einer ganz anderer Zeit und in den unterschiedlichsten Situationen erfolgen. Oft wissen wir dabei nicht, dass wir unsere Lebenssituationen selbst kreiert haben.

Bei der Intuition verhält es sich anders: Da sie der Quelle der göttlichen Ordnung entspringt, wird beim Handeln aus ihr kein Karma mehr erzeugt. Hier denken und handeln wir nicht mehr alleine aus dem Verstand oder Bauch heraus, sondern aus dem Fluss der intuitiven Informationen und agieren so aus einer Position des Beobachters oder Wissenden aus einer höheren Instanz , einer Metaebene heraus.

Jeder wird mit dieser inneren Führung geboren. Doch durch den Mangel an Zugang, der uns auch nicht beigebracht wird, erlauben wir ihr unbewusst nicht, ihre Arbeit zu machen. Sie befindet sich damit bei den meisten in einem Schlafzustand, aus dem sie jedoch wieder erweckt werden kann.

Schon viele weise Leute sagten, *denke nicht mit dem Kopf, am besten denke überhaupt nicht.* Einige fügten hinzu, dass es gut ist, in die Bewegung zu kommen. Dabei kann die Bewegung eine tatsächliche physische sein. Es können aber auch einfach neue Denkmuster und Übungen darunter verstanden werden, die das System in Be-wegung setzen.

Dabei ist es zwar einfach, aber nicht immer leicht, die alten Denkmuster und Gewohnheiten abzulegen. Es bedarf einer hohen Aufmerksamkeit, um nach innen zu fühlen. Am Anfang führt es oft zu Verwirrungen, weil der Verstand noch an der Oberfläche ist. Doch mit Geduld und Übung wird die innere Führung immer deutlicher und klarer wahrzunehmen sein.

Intuition ist ein Phänomen, das sich vollkommen vom Verstand unterscheidet. Denn dieser argumentiert, er durchläuft dabei einen Prozess, um eine Schlussfolgerung ziehen zu können. Die Intuition zeigt sich unmittelbar und durchläuft keinen linearen Prozess wie der Verstand. Sie kann ohne diesen schlussfolgern und kann in Form von spontanen Eingebungen oder Erkenntnissen sichtbar werden. Intuition bedeutet schließlich, im Einklang mit sich selbst zu sein. Aus dieser ganzheitlichen Sicht heraus können Lösungen wie aus dem Nichts auftauchen. Auch viele große Wissenschaftler waren sich bewusst, dass große Entdeckungen oft nicht allein über den Verstand gemacht wurden, sondern immer auch durch Intuition begleitet waren.

Besonders in unserem Informationszeitalter ist Intuition wichtiger denn je. Durch technologische und gesellschaftliche Umbrüche bleibt das nicht Sichtbare häufig auf der Strecke und die Menschen verlernen immer mehr, bei sich zu bleiben. So ist die Kommunikation der Gesellschaft verhärtet und ein konstruktiver Austausch kaum noch möglich.

Hätten mehr Menschen einen besseren Zugang zu ihrem Selbst, wäre ein Leben aus der Intuition heraus möglich. Es würde die Menschen in die Lage versetzen, Entscheidungen zu treffen, die das eigene Interesse übersteigen. Damit würde das globale Bewusstsein angehoben werden. Es wäre dann selbstverständlich im Interesse aller Menschen und dem Leben selbst zu handeln.

Da die Intuition ein wesentlicher Bestandteil vieler spiritueller Lehren ist, wird oft davon ausgegangen, dass sie nur hier von Relevanz wäre. Tatsächlich ist sie aber eine grundlegende, natürliche menschliche Fähigkeit, die nur im Laufe unserer Menschheitsgeschichte einen geringen Stellenwert eingenommen hat.

Intuition ist das Wissen aus der Quelle (extern) Erfahrungswissen hingegen kommt aus unserem Inneren (intern)

Wenn Du in jedem Moment
allen Widrigkeiten trotzen
willst,
gibt es nur eine Möglichkeit,
Du musst Intuition entwickeln,
denn dann muss Dein Geist Dir
antworten.
(Yogi Bhajan)

Die Schulung der Intuition ist eine wertvolle Investition in deinem Leben, denn wenn der Geist intuitiv ist, kommt die richtige Antwort zum richtigen Zeitpunkt. Du bist dann mit deinem inneren Wissen verbunden und deine innere Führung wird zu dir sprechen und Licht in dein Leben bringen. Ein Mensch, der nur aus dem Verstand heraus handelt, wandelt im Dunkeln.

Wie bereits erwähnt, ist es wichtig, Bauchgefühl, Sensibilität und Intuition auseinanderzuhalten, denn solange du alleine deinen Gefühlen und deinem Verstand folgst, kannst du niemals echte Intuition entwickeln. Ohne sie fühlst du dich oft schutzlos, ausgeliefert und ohnmächtig, denn es fehlt dir das passende Instrument, gute und richtige Entscheidungen zu treffen. Wenn du aber aus der Intuition handelst, weißt du, was zu welchem Effekt führen wird und wie die Wirkungen deiner Handlungen aussehen werden. Wenn du das intuitiv erfassen kannst, funktioniert auch dein Schutzmechanismus und du kommst immer mehr ins Vertrauen. Dein Handeln fühlt sich dabei richtig und leicht an.

Es geht bei der Intuition nicht darum, mit Gefühlen und Emotionen umzugehen, sondern mit dem intuitiven Geist. Dieser ist neutral und wertet nicht. Wenn du Intuition entwickelst, funktioniert dein innerer

Kompass. Er zeigt den Weg zur Erreichung deiner Ziele.

Das System der Intuition ist die Quelle deines Glücks und führt dich in deine Selbstwirksamkeit. Die existentielle Wahrheit kann ohne Intuition nicht zu dir kommen. Dein Denken und Handeln sollte darum nicht dem Ego zugewandt sein, denn wenn dein Ego aktiv ist, ist die Intuition ausgeschaltet. Bist du jedoch intuitiv, wird dein Ego zurückgestellt.

Ein wichtiger Aspekt dabei ist, dass die Intuition schneller ist als der Verstand. Letzterer braucht erst einmal Zeit, alle Informationen auszuwerten, wobei die Intuition unmittelbare Einsicht schafft. Es ist wichtig, dass du dich immer besser kennenlernst, um die Verwechslung von reinem Bauchgefühl, Verstand und echter

Intuition immer häufiger vermeiden zu können.

Das Bauchgefühl
beschreibt ein Gefühl,
Intuition dagegen ist
Wissen.
(Yogi Bhajan)

Eine gute Intuition hilft dir, die vielen Informationen, welche täglich auf dich einwirken, zu filtern. Sie ist mehr als nur der bloße Verstand. In vielen Situationen der heutigen Zeit leiden wir in Entscheidungssituationen nicht an einem Mangel, sondern an einem Überfluss an Informationen. Eine gute Intuition sagt dir, welche Informationen du brauchst und welche du ignorieren kannst. Menschen mit einer ausgeprägten Intuition bewegen sich daher unbeschwert und leicht durch den Alltag. Es sind die Menschen, die gezielte

Entscheidungen treffen, auch wenn sie mit logischem Denken nicht immer nachvollziehbar sind. Sie hilft uns in allen Lebensbereichen und sorgt für ein zufriedenes und erfolgreichen Leben.

Durch die Intuition kannst du immer mehr Freiheit gewinnen. Diese ist jederzeit möglich, egal in welcher Situation du dich befindest. Es gibt viele Möglichkeiten, sie zu erlangen. Ein wichtiger Teil des Weges dorthin ist es, seine Aufmerksamkeit nach innen in die Stille zu richten. Auch in Verbindung mit der Natur kann die innere Führung schneller laut werden. Du erkennst, dass weder das Außen noch die Emotionen und die Reaktionen auf diese das sind, was du wirklich bist. An diesem Punkt erreicht dich ein neues Bewusstsein. Mit diesem tiefen inneren Wissen kannst du ganz entspannt und fokussiert bleiben, egal was gerade passiert. Ein Schlüssel dafür, den Geist zielgerecht auszurichten und kontrollieren zu können.

Warum sind wir nicht mit unserer Intuition verbunden?

Es gibt viele Gründe, warum uns der Zugang zur Intuition oft verschlossen bleibt. Wir werden durch ein zu hohes Aufkommen an Informationen, Medienkonsum, Abgrenzung, Trauma, Bewertungen, Ichbezogenheit, Unruhe, Stress, schlechte Ernährung, Abwendung von der Natur, Ablenkung aller Art und besonders auch durch die Angst vor dem Tod von unserem SEIN getrennt. Wir verlieren durch unsere Lebensweise die uns gegebene natürliche Fähigkeit der Intuition.

Naturvölker wie etwa die australischen Aborigines, die noch ursprünglich leben, vertrauen auch heute noch dieser Fähigkeit.

Wir glauben, dass wir uns durch unser Denken und Handeln aus dem Ego/Verstand Sicherheit und Komfort erschaffen. In Wirklichkeit ist dies aber nur eine Illusion, aus der wir besser erwachen sollten, um unser Leben liebevoller und leichter und die Welt zu einem besseren Ort zu machen. Jeder Einzelne kann dazu beitragen. Darum ist es so wichtig, wieder intuitiv zu werden.

Was können wir tun, um wieder intuitiv zu werden?

Um einem intuitiven Leben näherzukommen, ist es in erster Linie ratsam, in die Stille zu gehen. Das bedeutet, sich wieder nach innen auszurichten und sich nicht im Außen zu verlieren. Es gibt viele Möglichkeiten, dies im Alltag umzusetzen. Einige Beispiele hierfür sind Meditation, ein naturverbundenes Leben, gesunde Ernährung und ausreichender Schlaf sowie der Verzicht auf Medienkonsum. Wichtig ist auch der Aufbau von Resilienz durch die Stärkung des Nervensystems (Balance von Parasympathikus (beruhigend) und dem Sympathikus (aktivierend)). Dazu können u.a. Yoga, Achtsamkeit, angemessene Bewegung jeglicher Art, die uns Spaß bringt und die Auseinandersetzung mit einer natürlichen Spiritualität sehr hilfreich sein

Darüber hinaus braucht die Intuition ein mitfühlendes Herz. Über dieses sind wir in der Lage, uns mit den **höher schwingenden Gefühlen**, wie Liebe, Mitgefühl, Dankbarkeit, Freude, Einheit und Selbstlosigkeit zu verbinden. Es ist auch von großer Bedeutung, Raum für das Nichtwissen und die Unsicherheit zulassen zu können und die Erkenntnis zu gewinnen, dass der Tod nur ein Teil des Lebens ist. Übergeordnet kann man den Begriff der **Bedingungslosen Liebe** verwenden. Sie setzt voraus, sich nicht in Bewertungen zu verlieren und in allem einen tiefen Sinn zu finden. Dieser Prozess kann als **Transzendenz** beschrieben werden und ermöglicht, die Welt neu zu erfahren.

Schon in alten Philosophien und Weisheitslehren war für diesen Prozess die

Rede von der Zirbeldrüse[1] als Sitz der Intuition. Eine wesentliche Eigenschaft der Zirbeldrüse ist es, die Verstandesintelligenz mit der Herzintelligenz zu verbinden. Dies wird auch Herz-Hirn-Kohärenz[2] genannt, welche auch in der modernen Wissenschaft eine wichtige Bedeutung gefunden hat.

Kohärenz ist der Zustand, in dem Herz, Verstand und Gefühle energetisch verbunden

---

1   Die Zirbeldrüse oder auch Epiphyse (engl. Pineal Gland) genannt, erscheint auf den ersten Blick weitaus weniger bedeutungsvoll, als sie es in Wahrheit ist. Die kieferzapfenförmige   Zirbeldrüse ist zwar winzig klein, aber dennoch ist sie außerordentlich wichtig für unsere   körperliche, geistige und auch für unsere spirituelle Gesundheit. Sie steuert unsere innere Uhr,   reguliert den Schlaf und erhöht unsere Intuition. Lässt die Zirbeldrüse in ihrer Funktion nach, setzt der physische und psychische Alterungsprozess ein.

2   Vgl. Definition vom Heartmath Institut (www.heartmathdeutschland.de):

sind und zusammenarbeiten. In diesem Zustand bildet sich Resilienz[1].

Wie bereits erwähnt, spielt unsere Zirbeldrüse dabei eine große Rolle. Leider ist ihre Funktion heute bei den meisten von uns stark eingeschränkt und gestört. Durch äußere und innere Einflüsse ist sie geschrumpft und verkalkt. Es gibt verschiedene Möglichkeiten, die Zirbeldrüse wieder zu aktivieren und in ihre natürliche harmonische Funktion zurückzuführen.

Dazu bedarf es, Störfaktoren wie Fernseher, Smartphone, Tablet und weitere Medien einzuschränken oder ganz einzustellen. Zumindest aber sollten regelmäßig Pausen eingelegt werden. Ferner sollte diese Technik

---

1   Resilienz ist die Fähigkeit, sich auf Stress, widrige Umstände, Trauma oder Herausforderungen entsprechend einzustellen, sich von diesen zu erholen bzw. sich daran anzupassen   und beschreibt eine emotionale Widerstandskraft.

insbesondere aus dem Schlafzimmer verbannt werden. Wichtig ist es auch, den Konsum von Fluorid zu vermeiden – oft zu finden in Zahnpasten und Speisesalzen. Fluorid trägt zur Verkalkung der Zirbeldrüse bei. Durch gute Ernährung und Meditation kann sie aber wieder gereinigt und aktiviert werden. Auch die Wissenschaft bestätigt die psychischen Aktivitäten der Zirbeldrüse bei Meditation. Durch verschiedene Meditationstechniken und Yogaübungen können wir in Kontakt mit der Zirbeldrüse treten, um in den Zustand innerer Ruhe zu gelangen. Mit einer Aufmerksamkeit auf das dritte Auge (der Punkt zwischen den Augenbrauen) kann der Prozess einen Zugang zu unserem höheren Selbst – unserer Seele – hervorrufen

Das Mysterium ist nur
möglich, wenn Du
nicht weißt
(Osho)

Wir müssen nicht anstreben, alles alleine aus
dem Verstand heraus entscheiden und somit
auch verantworten zu müssen. Damit wären
wir vollkommen überfordert. Durch die
Nutzung der Intuition und das daraus
entspringende Handeln aus einem tiefen
Verstehen heraus, werden unsere
Entscheidungen unbeschwerter. Jene
Entscheidungen, die der Intuition
entspringen, kommen aus der Quelle der
Ganzheit der höchsten Form des Wissens,
dem Fluss der intuitiven Informationen.
Entscheidungen aus diesem tiefen Wissen
sind immer zum eigenen, und dem Wohle
aller ausgerichtet. Ihr Ursprung ist eine
Bewusstseinsebene, die die Alltagserfahrung

weit übersteigt. Um auf sie zugreifen zu können, müssen wir ihr folgen ohne durch Meinungen andere uns beeinflussen zu lassen. Denn schon beim abwägen, verlieren wir den Zugang zu ihr und handeln ungewollt wieder vertrauter Weise aus dem Verstand.

Die tiefsten Erkenntnisse erreicht man nur durch höchste Sammlung des Geistes. Worte reichen nicht hinunter in die letzten Gründe, nur intuitive Erleuchtung hilft zum Verständnis.
(Konfuzius)

Es gibt einen Kompass in dir. Dieser wird durch eine aktive Zirbeldrüse unterstützt. Die Zirbeldrüse steht in Verbindung mit unserem Dritten Auge.

So wie Freude, Liebe und Verbundenheit durch die Funktion der Zirbeldrüse gefördert werden und zur Öffnung des dritten Auges führen, können Schuldgefühle, Angst und Hass hingegen die Öffnung des dritten Auges verhindern.

Das unsichtbare Auge in Dir muss sehen. Es sollte klar durch den Nebel, durch den Schnee und durch den Regen sehen. Der Regen des Reichtums, der Smog der geistigen Verschmutzung und der Schnee des Egos müssen geklärt werden, damit Du sehen kannst, wohin Du gehst.
(Yogi Bhajan)

Jeder, der diese Reise antritt, entwickelt immer häufiger das Gefühl mit allem verbunden zu sein. Du lernst die Klarheit des neutralen, intuitiven Geistes kennen und nutzen. Dein Intellekt wird geschärft und du benutzt ihn nicht, um Selbstzweifel oder Unsicherheit zu erzeugen, sondern um mit Mitgefühl und Hingabe aus deinem Herzen heraus zu handeln. Das ist die eigentlich wahre Intelligenz.

Intellekt ist Kopfsache und wird dem Menschen von seinem Umfeld und seinen Mitmenschen beigebracht. Er muss trainiert werden. Damit ist er mit seinen Inhalten nicht direkt im Menschen angelegt, sondern wird im Laufe des Lebens angeeignet. Doch wahre Intelligenz ist angeboren. Sie ist unser innerstes Wesen, unsere wahre Natur. Sie ist die Fähigkeit, die Vergangenheit sterben zu lassen und in der Gegenwart zu leben.

Unter Verstandesintelligenz versteht man, dass der Mensch sich Wissen und Kenntnisreichtum angeeignet hat. Dagegen ist die Intelligenz des Herzens die eigentlich wahre Intelligenz, denn sie kommt aus einer übergeordneten Instanz und wird auf natürlicher Art und Weise verstanden und gelebt.

Das Gefühl, wenn sich die Dinge leicht anfühlen und aus sich heraus geschehen entspringt diesem Zustand. Es ist die Harmonie die durch intuitive Entscheidungen entsteht, ein Gefühl von tiefer Vertrautheit und Liebe. Diese Entscheidungen kosten keine Mühe, sie fühlen sich leicht an und geben Kraft. Auch transformiert die Liebe die Angst. Wo Liebe ist, gibt es keine Angst und wo Angst ist kann keine Liebe sein. Wenn die Angst Liebe bekommt, löst sie sich auf. Darum ist es auch wichtig zu verstehen, wie die Liebe

dauerhaft in unser Leben
kommt.

Viele Menschen suchen im Außen nach Unterstützung dabei liegt die Antwort in jedem selbst. Es bedarf keinem externen Berater, Coach, Schamanen oder Heiler. Denn die Liebe ist in uns. Sie ist der Berater. Wer die Liebe in sich gefunden hat, kann die innere Stimme wieder hören und in Eigenverantwortlichkeit und Selbstwirksamkeit leben. Glückseligkeit findet man nicht im Außen. Diese Liebe kommt aus der Quelle selbst aus der die gesamte Schöpfung und das intuitive Wissen entspringt.

Du wirst zu einem
großen Baum mit vielen
Blättern. Du vertraust
der Liebe, Du vertraust
der Wahrheit, Du
vertraust dem
Göttlichen, Du vertraust
der Schönheit, Du
vertraust einfach, weil
Dein Herz voller
Vertrauen ist. Und es
gibt nicht das leiseste
Misstrauen. Selbst wenn
Du misstrauen möchtest,
gelingt es Dir nicht.
(Osho)

Selbstvertrauen

Yoga, Bewegung, Meditation, Entspannung und Achtsamkeit und die Verbindung zur Natur, sind nur einige Möglichkeiten durch die man lernen kann sich wieder selber zu vertrauen. Dazu ist es ratsam seine Komfortzone immer wieder einmal zu verlassen und sich auszuprobieren. Dazu ist jeder individuell aufgefordert ganz eigene neue Möglichkeiten zu finden. Einfach mal den inneren Schweinehund zu überwinden und einmal Dinge auszuprobieren wozu man vielleicht bisher weder die Zeit noch den Mut dazu gefunden hat. Man wird erstaunt sein, dass bereits durch einfache und kleine tägliche Veränderungen, sehr eindrucksvolle interessante neue Erfahrungen und Erkenntnisse herbeigeführt werden können. Ein Möglichkeit wäre es einfach mal die Essgewohnheiten oder den Schlafrhythmus zu verändern. Besonders effektiv ist es auch mehr Bewegung ins Leben zu bringen. Statt mit dem Bus mal wieder mit dem Fahrrad zur Arbeit zu fahren. Durch die neuen Verknüpfungen im Gehirn kann es schon zu einer großen Ausweitung der Wahrnehmung kommen. Es gibt sehr viele Wege und Möglichkeiten sich selbst zu erfahren, wodurch das Vertrauen ins Leben immer mehr gestärkt werden kann. Dabei spielen auch Gedanken und Gefühle eine große Rolle. Wer es schafft diese zu kontrollieren und zu meistern, wird spüren, wie vieles wie von alleine geschieht. Es fühlt sich immer leichter an.

Vertraust du dir selbst?

Das kannst du am leichtesten prüfen, indem du ohne wenn und aber einmal etwas anders machst als gewohnt. Wie fühlt sich das für dich an?

Wenn du dir selbst vertraust, stellt dieses Vertrauen keine Bedingungen. Du entscheidest aus ihm heraus und verfolgst keine festgesetzten Ziele. Dadurch entstehen vielen neue Wege und Weggabelungen beim Gehen und Dein Selbstvertrauen kann enorm wachsen.

An diesem Punkt entscheidest du ganz natürlich aus der Intuition heraus zu leben. Du verwendest zwar noch deinen Verstand zur Umsetzung aber deine Handlungen erfolgen aus dem höchsten Wissen welches mit deinem Selbst verbunden ist. Darum ist das Vertrauen ins Leben so entscheidend.

Liebe

Dieses tiefe Vertrauen ist das Gefühl von Liebe, sie ist nur eine andere Ausprägung von Vertrauen.

Liebe kann man nicht steigern, es gibt von ihr nicht ein wenig oder viel. Entweder man liebt oder man liebt nicht. So ist es auch mit dem Vertrauen. Es ist eine Qualität und keine Quantität. Man kann nur zu einhundert Prozent vertrauen oder eben gar nicht. Es ist unteilbar, eine Einheit. So ist es auch mit der bedingungslose Liebe. Sie bewertet nicht, sie IST einfach.

Die Welt wird erst aufhören,
Kriege zu führen, wenn die
Liebe wieder einkehrt.

Die Liebe ist ein Seins-Zustand. Man ist nicht verliebt, sondern man ist die Liebe. Diese Liebe entsteht, indem man nach innen geht und über sich selbst hinaus wächst. Ein Mensch ist Liebe, wenn sein Sein still ist und die Qualität des Nichtdenken einkehrt.

In diesem leeren Raum ohne Beurteilung, kann die Liebe im Menschen aufsteigen. Diese bedingungslose Liebe ist nicht einer bestimmten Person zugewandt, sondern sie breitet sich in alle Richtungen aus. Diese Liebe beschreibt nicht etwas was du tust sondern was du bist. Du bist die Liebe.

Unsere Gesellschaft erlaubt keine Liebe, denn ein Mensch, der tief liebt, kann nicht manipuliert werden. Du kannst liebende Menschen nicht in den Krieg schicken, weil sie glücklich sind und darin keinen Sinn erkennen können. Wenn die Liebe wirklich tief geht, verschwindet auch die Angst. Liebe ist das Licht, Angst ist die Dunkelheit. In ihrer reinen Form bedeutet Liebe, Freude zu teilen. Sie fordert nichts als Gegenleistung. So kann sie auch keine Verletzungen hervorrufen. Wenn man nichts erwartet, kann man auch nicht verletzt oder enttäuscht werden und alles was zu einem kommt ist gut, und wenn nichts kommt, ist es auch gut.

Die größte Armut in allen Zeiten ist fehlende Liebe. Ein Mensch, der seine Fähigkeiten zu lieben nicht entwickelt hat, lebt in seinem ganz persönlichen Drama. Ein Mensch dagegen der voller Liebe ist, lebt in Glückseligkeit. Man könnte noch viel darüber schreiben, kurzgefasst - die Liebe ist göttlich - und Liebe ist der Sinn des Lebens. Solange das Herzzentrum der Menschen jedoch blockiert ist und nicht funktioniert, werden

Sie auch nicht zur wahren Liebe fähig sein. Und solange der moderne Mensch nicht lieben kann, findet er auch keinen Sinn in seinem Leben. Das ist die Verwirrung, die sich uns im Außen deutlich zeigt. Liebe hingegen verleiht dem Leben einen Sinn, denn durch die Liebe wird jeder einzelne Moment wertvoll.

Die Lust ist körperlich, das Ego ist psychisch, die Liebe ist spirituell

Selbstliebe

Selbstliebe ist vermutlich die schwierigste aber auch wichtigste Herausforderung zugleich. Sie ist die Basis für ein glückliches und erfülltes Leben. Sie ist nicht gleichzusetzen mit Egoismus. Selbstliebe bedeutet sich selbst anzunehmen und mit sich und den eigenen Entscheidungen im Reinen zu sein. Das bedeutet nicht sich nicht verbessern zu wollen oder zu können. Doch ist es wichtig, sich erst einmal mit allen Stärken und Schwächen zu akzeptieren um aus dieser Haltung Verbesserungen vornehmen zu können. Wenn du deinen eigenen Wert erkennst, dann wirst du auch das Beste für dich selbst tun.

Osho beschreibt es so: Die erste Welle der Liebe muss in deinem Herzen entstehen. Es ist vergleichbar mit einem Stein, den du in einen ruhigen See wirfst. Die erste Welle entsteht um den Stein herum und breitet sich immer weiter bis zum Ufer aus. So ist es auch mit der Liebe. Wenn du dich selber lieben kannst, wirst du erstaunt sein, denn dann werden auch andere dich ganz selbstverständlich lieben.

Wer sich selbst nicht liebt, der wird auch niemand anderen lieben können.

Wie können wir lernen die Intuition besser zu entwickeln?

Die wichtigste Voraussetzung
Intuition zu entwickeln ist,
dass Du gegenwärtig präsent bist.
(Eckhart Tolle)

Eine gute Voraussetzung ist ein ruhiger Geist und eine entspannte Lebenshaltung. Darum ist die Gedankenhygiene sehr wichtig. Das bedeutet, zwischen positiven und negativen Informationen unterscheiden zu lernen und die Verantwortung dafür zu übernehmen, welche man aufnimmt.

Wenn man intuitiv weiß worauf man sich einstellen muss, bedeutet optimal auf das Ergebnis vorbereitet zu sein. Denken ist dabei leider oft Zeitverschwendung. Konflikte, Logik und Streit bringen nichts. Die Gefühle sollten so gut es geht raus gelassen werden. Man kann dabei auch nicht schummeln oder lügen, das würde das unangenehme Spiel nur verlängern. Darum sollte man immer öfter die Gegenwärtigkeit wahrnehmen. Man spricht vom Hier und Jetzt indem wir uns natürlich immer befinden. Daher ist es für viele nicht ganz verständlich. Es geht also vielmehr um die Wahrnehmung des

Momentes. Viel zu oft befinden sich unsere Gedanken und Gefühle in der Vergangenheit oder Zukunft. Aus diesem Grund werden wir auch häufig fehlgeleitet, denn die Vergangenheit ist vorbei und die Zukunft noch nicht da. In diesem Zustand können wir nichts bewirken. Es ist wichtig, die Gedanken zur Ruhe zu bringen um in den Moment eintauchen zu können. Unkontrollierte Gedanken erzählen einfach nur Geschichten aber selten Wahrheiten. Solche Gedanken führen uns aus der Präsenz heraus, lenken uns ab und ziehen uns wieder zurück ins Außen. Darum ist es sehr wertvoll, wenn man lernt seine Gedanken zu steuern. Daher kommt auch die Aussage, dass man selber der Kapitän in seinem Leben ist.

Denke nicht an ein gelbes Auto
Hand aufs Herz - an was hast du gerade
gedacht??

Die entwickelte Intuition kommt aus der

emotionalen Herzintelligenz und dem Bewusstsein zur gleichen Zeit und erzeugt eine ganz besondere und außergewöhnliche Wahrnehmung. Wenn man in der heutigen Zeit die Intuition durch Gefühle und Emotionen ersetzt, verzettelt man sich und endet oft in einer großen Unsicherheit. Der intuitive Geist dagegen ist neutral und wertet nicht. Es ist die innere Stimme die immer da ist, auch wenn wir vielleicht verlernt haben sie zu hören. Die gute Nachricht ist, dass wir durch die Wahrnehmung unserer Gefühle, und unserer Körpersignale sowie durch Achtsamkeit, Yoga, Meditation oder auch durch die Stimmen und Bilder der Natur, die Stimme der Intuition wieder hören lernen. Dazu plant man optimaler Weise eine tägliche Übungszeit von mindestens 3 - 15 Minuten ein. Es werden sich schnell erfahrbare Veränderungen einstellen.

Mehr geht natürlich immer :-)

Man muss den Schlüssel finden, der alle Himmelstore, alle Gärten der Verzückung öffnet. Und dieser Schlüssel ist Deine Intuition.
(Jiddu Krishnamurti)

Diese Reise zu einer fortgeschrittenen Intuition ist immer ein individueller Weg der nicht im Außen gefunden werden kann. Man kann sich natürlich Unterstützung holen, aber den Weg gehen muss jeder alleine.

Wer diesen Weg mutig geht, und regelmäßig übt, wird reichlich belohnt. Denn die Disziplin ist der Schlüssel. Und alles was uns auf dem Weg aufhält und blockiert ist ein Teil des Wegs.

Notizen

Nun möchte ich Euch gerne meine Erkenntnisse und Theorie vorstellen

Unser Unterbewusstsein ist unser Antrieb unsere Kraftzentrale. Es arbeitet vollkommen wertfrei nur nach Informationen , Gefühlen und Emotionen, die wir ihm zur Verfügung stellen. Wir haben eine sogenannte gesunde und ganzheitliche Grundeinstellung , die alle körperlichen Funktionen nach göttlichem Plan steuert. Darum schlägt unser Herz und fließt unser Atem. Nur wir und unsere Umwelt können dem Unterbewusstsein Informationen und Gefühle vermitteln, die uns aus unserer natürlichen Balance bringen, uns krankmachen oder in Angst versetzen. Wir hören oft von positivem Denken und die Macht des Unterbewusstseins. Warum ist das so wichtig? Ganz einfach, das was wir unserem Unterbewusstsein zur Verfügung stellen, werden wir in unserem Leben erfahren, darum ist es so wichtig das selbige mit guten Informationen und Gefühlen zu füllen. Oder anders ausgedrückt, es ist unsere Aufgabe, die Vollkommenheit ins Unvollkommene zu bringen und zu erkennen, wir haben die Macht dazu, denn wir sind das vollkommene Bewusstsein. Es funktioniert indem wir uns immer wieder mit der Liebe verbinden, auch und gerade in schwierigen Zeiten. Das Kraftfeld der Liebe ist das sogenannte Überbewusstsein die Vollkommenheit. Handeln wir nicht aus der Liebe , sondern aus unserem Ego-Verstand, der Unvollkommenheit, erleben wir uns im Chaos der Welt. Wir sprechen oft auch von der Matrix. Sie ist keine geheime Verschwörung , auch wenn sie von einigen genutzt wird, die es nicht gut mit der Menschheit meinen, aber im Grunde halten wir uns dort selbst gefangen. Bringen wir aber, wie im Vorfeld und in den folgenden Übungen beschrieben, Herz (Sender) und Hirn/Zirbeldrüse/Hippocampus (Empfänger) in Kohärenz erwecken wir das sogenannte 3. Auge unsere Intuition und empfangen unser Wissen aus dem Kraftfeld der Liebe (Überbewusstsein) . Dort herrscht göttliche Ordnung und alles was wir aus diesem Feld empfangen ist zu unserem und zum Wohle aller. Wenn wir auf diese Weise unser Leben führen und unser Unterbewusstsein entsprechend programmieren, strahlen wir bedingungslose Liebe aus dem Herzen an unsere Mitmenschen und unsere Umwelt aus und überwinden so den Raum der Matrix indem noch Ursache und Wirkung, Karma erzeugt wird. Handeln wir aus der Liebe sind wir vom Karma befreit und erschaffen eine Welt zum Wohle aller. Gesundheit, Freude, Glück und vor allem Frieden werden uns offenbart.

Wir verlassen unser Ego-Bewusstsein und erreichen ein neues Wir-Bewusstsein. Wir erkennen, der andere bin ich. Das neue Bewusstsein ist geboren.

Anleitungen und praktische Übungen

Aktivierung der Zirbeldrüse

Wir können durch unsere Vorstellungskraft diese kleine Drüse im Gehirn (Zirbeldrüse) trainieren. Eine wunderbare Übung ist es, wenn wir uns vor dem Schlafengehen Farben visualisieren und uns gleichzeitig vorstellen, was wir gerne in unser Leben bringen möchten. Diese Vorstellung sollte so lebendig wie möglich sein, wie ein Film vor unserem inneren Auge, in dem wir die Hauptrolle spielen und emotional beteiligt sind.

Oder aus dem Kundalini Yoga Mulbandh stabilisieren. Hierzu atmet man zunächst tief ein, hält den Atem an, und zieht dann Mulbandh (Anus-, Geschlechts- und untere Bauchmuskulatur werden nach oben innen gezogen ohne große Anspannung). Diese Übung sorgt dafür, dass die Rückenmarksflüssigkeit nach oben gelenkt und die Zirbeldrüse im Gehirn gereinigt wird. Da bekommt das Wort Gehirnwäsche eine ganz neue Bedeutung :-)

Atem

Nutze die folgenden Übungen um deine Intuition, deinen neutralen Geist, dein Vertrauen und die Liebe zu stärken.

Den Atem wahrnehmen

Auch wenn du nicht bewusst atmest, besinne dich während des Tages immer wieder auf deine Atmung zurück. Dafür ist es hilfreich, sich Routinen zu schaffen.

Sei für 1-3 Atemzügen bewusst bei deinem Atem:

- Bevor du in die Dusche steigst.
- Bevor du mit dem Auto losfährst.
- Wenn du auf der Toilette sitzt.
- Wenn du isst

..und du findest sicherlich noch viele Möglichkeiten am Tag wo du dich bewusst auf deine Atmung konzentrieren kannst.

Einfache Atemübung

Sitze bequem und richte deine Wirbelsäule auf. Nun schließe sanft deine Augen und beginne natürlich Ein- und Auszuatmen. Lass den Atem fließen und verbinde dich bewusst mit deiner Atmung, richte deine ganze Aufmerksamkeit dort hin. Spüre das Einatmen und das Ausatmen ohne den Atem beeinflussen zu wollen. Und spüre, dass der

Atem von alleine kommt und geht und du nichts dazu beitragen musst. Du gibst dich vertrauensvoll deiner Atmung hin und du spürst, dass du geatmet wirst. Der erste Schritt in die Ruhe zu kommen. Die Ruhe, die innere Stille, ist die Voraussetzung für die Entwicklung deiner Intuition.

Beginne mit 3 Minuten und steigere die Übung langsam.

Nun kannst du noch etwas tiefer einsteigen. Nachdem du gelernt hast deinen Atem bewusst wahrzunehmen, kannst du nun einen neuen Focus setzen. Richte deine Aufmerksamkeit während du natürlich vollständig atmest auf den Stirnpunkt das dritte Auge (der Punkt zwischen den Augenbrauen) . Mit dem Focus auf den Stirnpunkt stellst du eine direkte Verbindung zu deiner Intuition her.

Die 4-4-4-4 Atmung

Die 4-4-4-4 Atmung oder auch Quadratatmung genannt unterstützt das Loslassen. Sitze wieder bequem und beginne bis vier zu zählen mit der Einatmung, mache eine Pause zähle bis 4, zähle dann mit der Ausatmung erneut bis vier und mache wieder eine Pause und zähle bis 4. Wiederhole den Rhythmus für mehrere Minuten. Du kannst dir dabei auch ein Quadrat zu Unterstützung vorstellen. Diese Atemtechnik führt dich sehr schnell in eine angenehme Entspannung.

Atemspaziergang

Teil 1

Ganz besonders wirkungsvoll sind Atemübungen bei einem Spaziergang in der Natur. Wir kennen viele Atemmuster aus dem Breath Walk. Eines ist sehr effektiv um unseren inneren Führer zu aktivieren.

Suche dir einen schönen Platz in der Natur, Garten oder Balkon. Stehe stabil, dabei verteilt sich dein Gewicht gleichmäßig auf beide Füße. Richte dich auf. Reibe die Handflächen kräftig aneinander und bringe sie in Gebetshaltung vor dein Herzzentrum. In dieser Position beginne mit einer der o.g. Atemübungen. Verbinde dich mit deiner Inneren Führung.

Teil 2

Leichte Körperübung

Stehe noch stabil und bringe beide Arme (gebeugt) ein paar Zentimeter vor deinen Brustkorb, wobei die Handflächen einander zugewandt sind, mit einem Abstand von ca. 15 cm. Die Fingerspitzen zeigen nach oben, die Handgelenke werden in einem Winkle von 90° gehalten. Die Finger sollten gestreckt sein. Nehme nun die Ellenbogen leicht nach oben, so als ob du die Hände gegeneinander drücken wolltest.

1. Strecke nun mit dem EA den rechten Arm sanft zur Seite aus, parallel zum Boden, mit der Handfläche nach vorne und mit geradem Handgelenk und komme dann zügig AA wieder zurück in die Ausgangsposition.

2. Führe die gleiche Bewegung nun mit dem linken Arm aus.

3. Strecke nun beide Arme EA gerade nach oben, die Handflächen sind einander zugewandt, die Finger zeigen nach oben. Kehre AA in die Ausgangsposition zurück.

4. Strecke nun EA beide Arme zu den Seiten aus, halte dabei die Ellbogen durchgedrückt und die Handflächen nach vorne. Komme AA zurück in die Ausgangsposition.

Wiederhole diese Übung 2–5 mal und atme zum Schluss tief ein und halte die Hände in der Ausgangsposition 10 – 15 Sek. fixiert und atme dann vollständig aus. Atme wieder tief ein und strecke die Hände nach oben und halte den Atem für 10 Sek. dann atme aus und entspanne.

Teil 3

Wenn es dir möglich ist gehe nun für einen Spaziergang in die Natur und beginne in Intervallen mit folgender Atemübung im Gehen:

Du beginnst Deinen Atem mit deinen Schritten und wenn du magst einem Mantra und einem Mudra (Handgeste) zu kombinieren.

Das bekannteste Atemmuster ist der unterbrochene **4:4 Atemrhythmus**.

Das bedeutet, mit jedem Schritt atmest du ein und zählst bis 4; also 4 Schritte ergeben einen vollständigen Atemzug und im gleichen Rhythmus atmest du nun auch in 4 unterbrochen Teilen wieder vollständig aus.

Wenn dir das gut gelingt verbindest du mit dem Atem auch ein Mantra und eine Handgeste.

Einatmen bis 4 zählen (4Schritte) oder in Gedanken ein Mantra aus 4 Silben einsetzen. Das bekannteste aus dem Kundalini Yoga ist das Mantra SA TA NA MA

Ausatmen wieder bis 4 zählen (4 Schritte) oder z.B. das Mantra SA TA NA MA wiederholen.

Dann lass Deine Finger den Rhythmus begleiten:

SA (Unendlichkeit) du bringst Daumen und Zeigefinger zusammen

TA (Endliches Leben) du bringst Daumen und Mittelfinger zusammen

NA (Tod) du bringst Daumen und Ringfinger zusammen

MA (Wiedergeburt) du bringst Daumen und den kleinen Finger zusammen

Du kannst dir auch ein eigenes Mantra bestehend aus 4 gleichlangen Silben aussuchen.

Durch die Konzentration auf den Atem, die Bewegung, ein Mantra (heiliges Wort) und ein Mudra (Handgeste), beruhigt sich dein Geist vollständig.

Danach wechsel wieder in deinen eigenen Atemrhythmus und beobachte den Unterschied. Die Erfahrung zeigt, dass du nach dem Atemrhythmus oftmals einen tieferen normalen Atem bei dir wahrnehmen kannst.

Diesen Wechsel zwischen geführten und natürlichem Atem kannst Du 3 – 4 mal für 3 – 5 Minuten in Intervallen wiederholen.

Teil 4

Suche dir nun einen ruhigen Platz und lasse dich nieder. Schließe noch einmal deine Augen und reflektiere deinen Spaziergang.

Quelle *Breath Walk Y. Bhajan u. G. Singh K

Atemmeditation

Atemübung um den Geist zu beruhigen und sich mit dem Höheren Selbst zu verbinden

Diese Übung kannst du im Sitzen, Liegen, Stehen oder Gehen ausführen.

Beginne im folgenden Zählmuster ein- und auszuatmen:

Versuche dabei einen gleichmäßigen Rhythmus zu finden. Gerne kannst du auch deine Arme rhythmisch mitbewegen.

Du zählst erst aufsteigend dann wieder absteigend solange wie du den Atem führen kannst.

Einatmen   Ausatmen

aufsteigend
2,3,4,5,6..... 2,3,4,5,6.......,

absteigend
6,5,4,3,2   6,5,4,3,2

Diese Atmung erlaubt deinem Geist Ruhe zu finden - auch in hektischen Zeiten.

Der Eine-Minute-Atem

Begebe dich dazu in eine einfache und bequeme Meditationshaltung

Der Atemrhythmus:

20 Sekunden lang einatmen
20 Sekunden lang halten
20 Sekunden lang ausatmen

71

Mit dieser Atemmeditation erreichst du folgende positive Ergebnisse:

Eine optimierte Zusammenarbeit zwischen den beiden Gehirnhälften.

Eine starke Beruhigung von Angst und Sorge

Eine Offenheit um seine Gegenwart und die Gegenwart des Geistes zu spüren

Die Intuition entwickelt Sicherheit

Das ganze Gehirn wird aktiviert, besonders die vorderen Hemisphären.

Nach Beendigung der Atemmeditation nehme dir noch 3-5 Minuten Zeit um zu entspannen und spüre deinen vertieften Atem.

Der Impuls ist die grundlegende
Antriebskraft des Lebens.
Ein intuitiver Verstand kann die Vor-
und Nachteile jedes Impulses erkennen
und Dein Wille kann ihn wählen. Wenn
aber Dein Ego den Impuls wählt, weißt
Du nicht, was Du tust, weil das Ego
begrenzt ist. Dein Ego ist nur ein Teil
von Dir, ein intuitiver Geist dagegen
beinhaltet die Gesamtmenge des
Ganzen.
 (Yogi Bhajan)

Achtsamkeit

Achtsamkeit bedeutet, dass du vollkommen im Moment bist und du deine gesamte Aufmerksamkeit im Sein hast.

Achtsamkeit in der Natur

Barfußlaufen

Unsere Fußsohlen sind sehr sensibel.
Während wir laufen senden sie hunderte Signale an unser Gehirn. Sie geben uns Informationen über Körperhaltung, auf welchem Untergrund wir gehen und welchen Laufstil wir benötigen.

Doch durch das ständige Tragen von Schuhen wird diese Fähigkeit stark beeinträchtigt. Suche dir zum Üben einen sicheren Ort, an dem du dich nicht verletzen kannst.

Dann schaue, wie sich deine Fußsohlen beim Laufen anfühlen:

Was nimmst du wahr?
Wie fühlt sich der Untergrund an? Spüre genau hin. Ist der Boden kalt, warm, fest, trocken oder feucht? Was macht diese neue Lauferfahrung mit deinem restlichen Körper? Kannst du dich mehr aufrichten? Spürst du Entspannung oder andere Körpergefühle? Ändert sich etwas an deinem Energiefluss?

Sei die ganze Zeit aufmerksam und achtsam. Spüre im Stand eine Weile nach.

Waldspaziergang/Waldbaden

Gehe achtsam und lenke deine Aufmerksamkeit auf die Schönheit der Natur. Vielleicht entdeckst du etwas, was du vorher noch nie gesehen hast oder machst eine Begegnung mit einem Tier oder einer Pflanze die dich besonders berührt. Versuche alles einfach wahrzunehmen. Nehme Düfte war und spüre den Wind auf deiner Haut. Nutze alle deine Sinne um die Natur ganz und gar aufzunehmen. Verbinde dich mit ihr. Genieße es in vollen Zügen. Erkenne die Schönheit. Innen wie Außen.

Nun kannst du den Prozess der Aktivierung deiner Intuition noch verstärken indem du folgendes Atemmuster in Intervallen wie folgt einsetzt.

Wenn du bereits ein wenig unterwegs bist

beginne nun mit einem aktiven Atemmuster ähnlich wie aus dem Atemspaziergang. Konzentriere dich ganz auf deine Atmung , spüre und fühle ihn. Wenn deine Gedanken noch keine Ruhe finden setzte wie beim Atemspaziergang ein Atemmuster ein welches dich bei der Gedankenkontrolle unterstützt. 4:4 mit unterbrochenen oder durchgehenden Atem oder auch 8:8 oder auch 4:8. langes Ausatmen führt dich in einen Prozess des Loslassens.

In der Natur gibt es unendliche Möglichkeiten. Vielleicht entdeckst du einen umgestürzten Baum der dich zum Balancieren einlädt. Oder du fühlst dich an einer Stelle besonders wohl, dann verweile dort eine Zeit. Lass dich führen ohne konkret zu suchen. Entdecke Pflanzen und Tiere und beobachte sie.

Auch Düfte und Gerüche wahrzunehmen ist eine wunderbare Übung. Im Wald kann man richtig durchatmen und man kennt auch schon den Begriff **Waldbaden.** Für die Japaner nicht Neues. Die Bäume sondern über Harze und anderen Ausscheidungen bestimmte Düfte und Energien aus die Körper, Geist und Seele heilen können. Darum ist die Natur so wunderbar. Auch wenn man nicht auf dem Land lebt gibt es doch in fast jeder Stadt auch einen Park oder eine kleine Waldfläche die man nutzen kann.

Auch das Fühlen kann uns durch Achtsamkeit voran bringen. Man geht Gedankenverloren und findet einen schönen Stein oder Ast. Man betrachtet ihn genau und fühlt ihn in der Hand. Vielleicht ist es auch ein Gegenstand den man als Gedankenstütze an die Achtsamkeit und das Gefühl der Dankbarkeit mit nach Hause nimmt. Dort angeschaut, kann man sich schnell wieder in diese schöne Erfahrung hineinversetzen.

Nun genieße noch die Zeit in der Natur und wenn du deinen Spaziergang beendest halte noch einmal kurz inne und reflektiere die gemachten Erfahrungen. Du kannst zu Abschluss auch noch einige Dehnübungen ausführen.

Bei allen Körperübungen frage deinen Arzt oder Heilpraktiker, ob diese für dich geeignet sind

Dehnübungen

Teil 1 im Stand

Eine geeignete Dehnübung ist z.B. der **Wunderbogen**. Stelle dich in eine stabile Position. Dabei ist dein Gewicht gleichmäßig auf beide Füße verteilt und die Wirbelsäule ist aufgerichtet. Mit jeder Einatmung streckst du nun beide Arme über den Kopf nach oben. Oben hältst du den Atem an und gehst in eine ganz leichte Rückenbeuge. ausatmend kommst du aus der Hüfte heraus mit den gestreckten Arme nach vorne unten und berührst dabei leicht den Boden mit deinen Händen. Diese Übung wiederhole einige Male.

Für die **Windmühle** bringe nun deine Beine in eine leichte Grätsche und stehe wieder stabil. Deine Arme bringe seitlich gestreckt parallel zum Boden. In dieser aufgerichteten Position atme ein. Mit der ersten Ausatmung führe durch eine Vorwärtsbeuge aus der Hüfte heraus deinen rechten Arm nach unten zum linken Fuß. Einatmend richte dich wieder auf und wechsel mit dem nächsten Ausatmen die Seiten, also führe den linken Arm zum rechten Fuß. Wiederhole diese Übung einige Male immer im Wechsel auf jeder Seite.

Teil 2 im Sitzen auf dem Boden

Du sitzt auf einer Matte auf dem Boden. Bringe nun beide Beine in eine leichte Grätsche. Die Beine werden gestreckt indem du die Fersen vom Körper wegdrückst und die Zehen an den Körper heranziehst. So wird der Lebensnerv (bekannter als Ischiasnerv) gedehnt. Richte nun deinen Oberkörper auf und strecke beide Arme über den Kopf nach oben dabei zeigen die Handflächen zueinander. Du atmest nun tief ein und streckst dich weit nach oben und kommst mit dem Ausatmen aus der Hüfte heraus zu einer Seite vorbeugend nach unten zu einem der Füße. Einatmend kommst du immer in die Mitte zurück und streckst Dich und mit dem Ausatmen beugst du dich jeweils abwechselnd zu dem Fuß einer Seite.

Alles was wirklich zählt, ist Intuition. Der intuitive Geist ist ein heiliges Geschenk, der rationale Geist ein treuer Diener. Wir haben eine Gesellschaft, die den Diener ehrt und das Geschenk vergessen hat.
(Albert Einstein)

Beende die Übung indem du mit einer tiefen Einatmung noch einmal den ganzen Körper nach oben streckst. Dann halte kurz den Atem an und entspanne die Haltung mit einer langen Ausatmung.

Fokussieren

Grundsätzlich kannst du dich immer wieder bewusst auf deinen Körper, deine Gefühle oder auf Gerüche, Geräusche und Gegenstände fokussieren. Sobald du dich bewusst auf etwas Bestimmtes konzentrierst gehst du in eine bewusste Wahrnehmung.

Suche dir einen Gegenstand im Raum aus und betrachte diesen ganz genau. Nicht verschleiert sondern im Detail; wie groß, welche Form, Farbe eventuell auch den Geruch. Wirkt er eher schwer oder leicht also nehme wirklich alles bis in kleinste Detail wahr.
Fokussiere diesen Gegenstand für ein bis drei Minuten. Dann lasse langsam wieder deinen Blick abschweifen und nehme jetzt wieder bewusst den ganzen Raum wahr.
Diese Übung kannst du natürlich auch im

Freien ausführen. Schaue dir dazu z.B. eine Blume oder einen Baum ganz genau an und halte den Fokus und komme danach wieder mit deinem Bewusstsein zurück und spüre was sich verändert hat.

Diese Übungen sind überall möglich und lassen dich schnell den Moment verstehen und schenken dir das Bewusstsein im Moment zu leben.

Vagusnerv aktivieren

Der Vagusnerv (Nervus Vagus) zählt zu den sogenannten Hirnnerven.

Anders als ihr Name Hirnnerven vielleicht vermuten lässt, verläuft diese Gruppe von Nerven nicht ausschließlich im Gehirn. Vielmehr soll die Bezeichnung ihren Ursprungsort ausdrücken: Die 12 Hirnnerven entspringen im Gegensatz zu den Rückenmarksnerven direkt dem Gehirn. Von dort verlaufen sie zu den unterschiedlichsten Punkten im Kopf- und Halsbereich oder, wie im Fall des Vagusnervs, sogar bis in den Rumpf. Der Vagusnerv ist derjenige Nerv unseres Körpers, der uns Ruhe und damit Regeneration und Heilung bringt. Sein Name bedeutet, dass er vagabundiert und sich ausbreitet. Sein Nervenstrang ist weit verzweigt und mit vielen verschiedenen

Organen verbunden. Er wird durch Stress, Angst und Trauma stark negativ beeinflusst umso deutlicher wird es, wie wichtig es ist, dass der Vagusnerv gut funktioniert. Und warum durch einen gestörten Vagusnerv ein Ungleichgewicht von Anspannung und Entspannung entstehen kann. Darum sei er hier auch erwähnt, denn um in Ruhe und Entspannung zu finden muss auch der Vagusnerv entsprechend aktiviert werden.

Einfache Übungen

Das Summen. Atme tief ein und schließe mit deinen Zeigefingern Deine Ohren und beginne ein mmmmm.... zu summen. Spüre dabei bewusst die Vibration. Auch das sanfte massieren der Ohrmuschel, des Ohrlochs und auch des Ohrrückens aktiviert den Vagusnerv und führt in die Entspannung.

Yoga

Grundsätzlich fördert jede Art von Yoga deine Intuition aber es gibt spezielle Übungen die genau auf die Schulung der Intuition ausgerichtet sind.

Kundalini Yoga für Intuition

Im besonderen schafft Kundalini Yoga (Yoga für Bewusstsein) einen Rahmen um dich mit deiner Intuition in Kontakt zu bringen. Bei regelmäßigem Üben erlangst du die Fähigkeit, intuitiv besser für dich zu sorgen und bringt dich deinem Wunsch nach Erfüllung immer näher. Intuition ist eine Schlüsselkompetenz für alle Lebensbereiche. Kundalini Yoga regelmäßig praktiziert bedeutet Achtsamkeit, Bewegung, Atmung und Meditation zu verbinden und durch die

Ergänzung von Mudras und Mantras eine Basis für geistige und körperliche Gesundheit zu schaffen. Darüber hinaus bringt es eine positive Veränderung in alle Lebensbereiche. Durch Kundalini Yoga wird auch die Resilienz gefördert. Das Nervensystem wird gestärkt um auch schwierige Situationen meistern zu können.

Einfache Kundalini Yoga Einzelübungen

1) Armcrawls

Sitze in einfacher Haltung (Schneidersitz oder auf einem Stuhl) mit aufgerichteter Wirbelsäule. Strecke nun Deine Arme und Hände abwechselnd nach vorne aus und ziehe sie seitlich am Körper wieder nach hinten, als würdest Du eine kraulende Bewegung machen. Bewege Dich aus den Schultern heraus. Dein Atem reguliert sich von selbst. Bleibe für 1-3 Min. dabei.

2)Kamelritt

Sitze im Schneidersitz. Greife dein vorne liegendes Bein und richte die Wirbelsäule vollständig auf. Das Becken kippt leicht nach vorne und dein Kinn ist leicht nach hinten gezogen. Du beginnst mit dem Einatmen dein Brustbein nach vorne oben anzuheben und mit dem Ausatmen biegst du deine Wirbelsäule nach hinten in den Rundrücken. Finde einen gleichmäßigen Rhythmus, dabei beachte, dass der Atem die Bewegung führt. Fahre für 1-3 Min. in deinem Atemrhythmus fort.

Meditation

Grundsätzlich fördert jede Art der Meditation und Entspannung unsere Intuition. Um ein schnelles spürbares Ergebnis zu erzielen, gibt es jedoch ausgewählte Meditationen die zu einem schnelleren Ergebnis führen.

Eine besonders gute Zeit für die Meditation ist kurz nach dem Aufwachen wo der Geist noch zentriert ist bevor er ins Außen gezogen wird. Oder aber am Abend kurz vor dem Einschlafen, wo der Geist schon ein wenig abgeschaltet hat.

Alle Meditationen mit der Aufmerksamkeit auf das dritte Auge (Punkt zwischen den Auggenbrauen) oder auch Stirnchakra genannt, stimulieren die Zirbeldrüse und die Hypophyse und erwecken die Intuition.

Die Zirbeldrüse ist verantwortlich für sämtliche Rhythmen in unserem Körper. Die Hypophyse und die Zirbeldrüse teilen sich ihre Funktionen und liegen sehr nahe beieinander.

Die Zirbeldrüse ist für den Tag und Nacht-Rhythmus zuständig. Forscher haben in den letzten Jahrzehnten, sogar Jahrhunderten immer wieder die Zirbeldrüse erforscht und Versuche mit der Zirbeldrüse gemacht, um das Geheimnis ihrer Wirkung auf unser Sein zu untersuchen. Was man weiß, ist, dass diese Zirbeldrüse photosynthetisch ist und erkennen kann, ob es hell oder dunkel ist. Denn bei Helligkeit bildet die Zirbeldrüse aus der Aminosäure L-Tryptophan das bekannte „Glückshormon" Serotonin. Wenn es dunkel wird, dann wandelt sich das Serotonin in Melatonin, das Schlafhormon. Es ist auch bekannt, dass die beiden „Hormone" Melatonin und Serotonin an über 100 verschiedenen Prozessen im Körper beteiligt sind und auch eine direkte positive Wirkung auf unseren Alterungsprozess haben.

Die Hypophyse steuert fast alle bekannten anderen Drüsen im Körper und ist somit für den gesamten Hormonhaushalt und damit für das gesunde Funktionieren des Körpers verantwortlich.

Yogi Bhajan sagte in seinen Unterrichtungen das im Wassermannzeitalter die Intuition das Prinzip der Identität sein wird. Die Hypophyse sollte gut arbeiten damit die Realität durch die Intuition und nicht durch den Intellekt erfahren werden kann.

In dieser, durch eine Flut an Informationen verwirrende Zeit, wird es immer deutlicher, wie wichtig unsere Intuition in allen Lebensbereichen ist.

Vor jeder Meditation solltest du dir einen ruhigen ungestörten Platz suchen und in bequemer Sitzhaltung, entweder dem Schneidersitz (einfache Haltung) auf einer Matte bzw. Sitzkissen oder aber auf einem Stuhl mit Fußkontakt zum Boden sitzen.
Nimm ein paar lange tiefe und vollständige Atemzüge bevor du beginnst.

Beginne den Tag z.B. mit einer **Stille Meditation** von 3-5 Minuten. Am besten morgens früh bevor dein Arbeitstag beginnt. Aber auch jede andere Zeit nach deinen Möglichkeiten ist förderlich.

Sitze dabei entspannt und bleibe mit deiner Aufmerksamkeit bei deiner Atmung. Spüre deine Empfindungen in deinem Körper und stehe ihnen neutral gegenüber. Bleibe sanft und leise bei dir selbst. Mehr nicht, ganz einfach. Wenn du mehr Zeit aufwenden kannst, verlängere die Zeiten langsam bis 31 Minuten.

Es ist auch gut tagsüber auf sich selbst zu hören, bevor man mit anderen interagiert. Höre dir erst selber zu was du sagen möchtest, bevor du es aussprichst.

Diese Stille Meditation kannst du auch mit 2 oder mehreren Personen durchführen. Schweigen und nur beobachten. So entsteht eine völlig neue Wahrnehmung.

Meditation für Intuition

(Yogi Bhajan 09.06.98)

Anleitung

Mudra:

Lege deine Handflächen in Gebetshaltung gegeneinander.

Der Jupiter-Finger (Zeigefinger) bleibt ausgestreckt, während du die restlichen Finger ineinander verschränkst, sodass die Hände geschlossen sind. Überkreuze die Daumen.

Augen:

Die Augen sind zu 9/10 geschlossen.

Haltung:

Komme in eine angenehme Sitzhaltung wie oben beschrieben und halte das Mudra etwas unterhalb deiner Nase, sodass du durch die 1/10 geöffneten Augen die Spitze deiner Zeigefinger sehen kannst.

Atmung:

Atme durch den zu einem „O" gerundeten Mund in vier kraftvollen Zügen ein (1 Atemzug pro Sekunde, d.h. die komplette Einatmung dauert 4 Sekunden) und atme in einem kraftvollen Atemzug durch die Nase vollständig wieder aus (1 Sekunde)

Zeit:

3 – 10 Minuten

Abschluss:

Sitze aufrecht. Atme tief ein, halte den Atem 20 Sekunden an und strecke dabei die Arme (parallel zum Boden) zu den Seiten. Die Handflächen zeigen dabei nach oben. Dies wird dir ermöglichen, deinen Zentralkanal bzw. deine Wirbelsäule in Balance zu bringen. Atme aus. Atme erneut tief ein und halte den Atem 20 Sekunden lang. Strecke deine Arme weiterhin in die Horizontale (parallel zum Boden), dabei zeigen die Handflächen nach unten und strecke deine Wirbelsäule in die Vertrikale (nach oben). Arme und Wirbelsäule bilden ein „T". Atme vollständig aus. Atme ein und halte den Atem und die Position 20 Sekunden lang. Spreize deine Finger und lass sie stahlhart werden. Presse deine gesamte Energie aus den Händen in die Arme. Atme aus und entspanne.

Halte deine Augen noch einen Moment geschlossen und spüre nach.

Mentale Übung nach Dr. Joseph Murphy

Wenn du ein bestimmtes Thema hast oder eine Lösung auf eine Frage suchst dann gehe in die Stille. Beruhige deine Gedanken durch eine Atemübung und gehe in die Beobachterrolle.

Stelle dir vor, dass das intuitive Wissen aus der Tiefe der Quelle entspringt und dein Bewusstsein erfüllt.

Glaube wirklich daran und akzeptiere die Antwort die kommt und lasse die ganze Angelegenheit dann vollständig los. Das ist das wichtigste Geheimnis dieser Technik.

Wende dich nun einfach wieder deiner Alltagsroutine zu. Sitze nicht herum und warte jetzt direkt auf eine Antwort, denn sie kommt nicht immer direkt, sondern oft wenn du gar nicht damit rechnest. Die innere

Stimme äußert sich z.B. in Geistesblitzen und spontane Ideen ohne jegliche Vorankündigung. Am besten erkennst du diese innere Stimme wenn du dein Unterbewusstsein anweist dir dabei zu helfen das Wahre vom Falschen zu unterscheiden.

Werde mehrmals am Tag ruhig und affimiere liebevoll:

Die unendliche Intelligenz durchströmt mich als Harmonie, Gesundheit, Frieden, Feude und Vollkommenheit. Sie spricht und handelt durch mich auf meinen Wegen. Alle Botschaften meines höheren Selbst das mich beschützt und leitet erkenne und verstehe ich deutlich.

Dieses Gebet sollte zu einer festen Gewohnheit werden.

Mentale Übung nach Kurt Tepperwein

Lass deinen Atem entspannt ein und aus fließen.

Die Intuition zu entwickeln bedeutet auch zu lernen, die Intelligenz und das Unterbewusstsein mühelos fließen zu lassen.

Intuition hilft uns zu spontanen Erkenntnissen und Informationen wo unser Verstand nicht zu fähig wäre.

Werde innerlich ganz ruhig und denke an die unendliche Weisheit in dir. Wie du dicsc Macht nennst ist völlig unwichtig, denn im Grunde genommen ist sie namenlos. Frieden, Stärke und Zuversicht werden hervorgerufen. Sprich zu der schöpferischen Weisheit in dir die alle Antworten kennt. Die schöpferische

Intelligenz ist allwissend und gibt mir jetzt die Ideen, Lösungen und Antworten die ich benötige um meine Wünsche zu erfüllen.

Weitere Meditationen findest du in Form von Literatur oder im Internet z.B. auf YouTube unter der Suche nach folgenden Titel:

Herzmeditation

Deine Mitte herstellen

Schutzmeditation

Selbstliebe (Kundalini Yoga Meditation)

Yoga und Atemübungen für Intuition

Synchronisation beider Gehirnhälften

Fragestellung an das kosmische Informationsfeld

Intuition ist die Anbindung an **die Quelle** . Du kannst sie u.a. auch durch eine direkte Fragestellung erreichen.

Du kannst morgens kurz nach dem Erwachen, am Abend vor dem Schlafengehen oder aber auch zu jeder anderen Tageszeit bewusste Fragen stellen. Tiefer wirken die Fragen in einem Ruhemodus (Alphazustand). Darum ist es sinnvoll den frühen Morgen oder die Zeit kurz vor dem Einschlafen dafür zu nutzen oder eine kleine Entspannungspause am Tag einzulegen.

Du kannst alles fragen worauf du eine Antwort suchst.

Hier ein paar Beispiele:

Wie sieht mein nächster Schritt in meiner Bewusstwerdung aus?

Was kann ich tun um meine Beziehung zu verbessern?

Wie kann ich meine nächste Rechnung begleichen?

Wie kann ich XY helfen?

.....uvm.

Dann vergesse die Frage und lasse sie wieder los.

Beobachte nun einfach im Laufe des Tages wie die Antwort zu dir fließt, oder reflektiere deine Träume.

Am Tage sei aufmerksam und achte auf das, was in dein Leben tritt, z.B. die Begegnung mit einem bestimmten Menschen oder eine Information die zu deiner Frage passt oder oder oder. Die Antworten kommen oft auf vollkommen unerwartete Art und Weise zu dir. Dazu bedarf es einer Sensibilität und Präsenz.

Sei aufmerksam und fühle wie sich die identifizierte Antwort zeigt und anfühlt. Die Erfahrungen werden dir zeigen wie du immer wieder mit dem kosmischen Informationsfeld verbunden bist und du Unterstützung in verschiedener Art und Weise erhalten kannst. Das gibt dir eine ganz neue Art der Sicherheit und fördert das Vertrauen ins Leben. Du bist nie alleine, du bist immer verbunden. Es ist nur eine Frage des BewusstSeins.

Mit diesem Wissen, dass du dich auf deine Intuition verlassen kannst bist du in einer starken Position. Es wird dir von Tag zu Tag leichter fallen, sowohl die richtigen Fragen zu stellen, als auch die Antworten zu erkennen und zu verstehen. Durch diese Verbindung findest du zurück in den natürlichen Fluss des Lebens.

Selbstgespräche

Selbstgespräche führt jeder jeden Tag aber machst du es bewusst? Wenn du bewusst mit dir selbst sprichst, dir Fragen stellst und du dir selber zuhörst, dann kommen Antworten die dich verwundern werden. Sie kommen immer häufiger nicht mehr aus dem Verstand sondern du bedienst dich deiner Intuition. Du erfährst dein inneres Wissen zu jeder Zeit und überall.

Den großen Unterschied macht die Art und Weise, wie wir mit diesen Selbstgesprächen umgehen. Es gibt einen achtsamen und einen unachtsamen Umgang.

Sind wir unachtsam und lassen sie einfach passieren, dann reden sie uns alle möglichen und unmöglichen Katastrophen und Ängste ein.

Leider glauben wir ihnen das auch unbesehen. Das erzeugt dann innere Anspannung und schlechte Gefühle.

Die Lösung:

Wenn wir stattdessen achtsam sind und unsere Gedanken aus der Beobachterrolle betrachten, dann sehen wir genau, was in unserem Verstand vor sich geht.
Wichtig ist dabei, dass wir diese Selbstgespräche nicht bewerten und sie nicht in gut oder schlecht unterteilen. Wir sollten einfach nur präsent sein und aufmerksam hinhören, das reicht vollkommen aus.

Die Essenz ist die Entwicklung des Neutralen Geist

Praktische Anleitung

Halte kurz inne, sage dir im Kopf **STOP**.
Nimm einen tiefen Atemzug.
Höre aufmerksam zu, welche Gedanken
gerade in deinem Kopf aktiv sind.
Versuche nicht, die Gedanken zu
beeinflussen. Lasse sie einfach da sein.
Bemerke, wie Gedanken kommen und wie
Gedanken gehen.
Sei stiller Beobachter, verurteile dich nicht
für den Inhalt deines Verstandes

Diese Übung solltest du immer wieder
bewusst in den Alltag einbringen. Du wirst
spüren wie du ruhiger und konzentrierter
wirst und immer mehr aus einer neutralen
Haltung heraus handeln kannst.

Gehirn-Herz-Kohärenz

Unter einer Gehirn-Herz-Kohärenz versteht man, wenn wir unser Herz und Gehirn in Harmonie bringen. Dieser Zustand entsteht, wenn wir die beiden neuronalen Netze zu einem einzigen und mächtigen Netzwerk zusammenbringen. Diese Voraussetzung verleiht uns viele Fähigkeiten. Eine ist der Zugang zur Intuition darüber hinaus aber auch ein starkes Immunsystem, bessere Lernmöglichkeiten und sie löst sogar ein Anti-Aging-Programm aus.

Was will man mehr :-)

Gregg Bradon ist einer der führenden Wissenschaftler die schon viel über das Thema vorgetragen und geschrieben haben. Er gibt dazu folgende Anleitung:

Konzentriere Dich auf eines oder mehrere der folgenden vier Gefühle:

Wertschätzung

Dankbarkeit

Fürsorge

Mitgefühl

Auch die Wissenschaft hat erkannt, es sind nicht so sehr die Worte die Anklang finden, sondern es sind die Gefühle hinter den Worten, die die entsprechend wirksamen Signale senden.Wenn wir Herz und Gehirn mit einander harmonisieren, bringen wir die Neuronen des Herzens und die Neuronen des Gehirns in Verbindung, sodass sie aus der Einheit heraus wirken. So kommst du in Verbindung mit deinem Herzwissen und der göttliches Intelligenz und kannst Intuition erfahren. So können Gehirn und Herz zu einem unschlagbaren Team werden und dir Antwort auf alle Fragen zuteil werden.

Heart Math-Übung zum Erlangen von Herzkohärenz

Konzentriere dich auf deine Herzgegend und atme etwas tiefer und langsamer als gewöhnlich , ca. 5 Sekunden lang ein und 5 Sekunden lang aus.

Stelle dir vor, wie deine Atmung dabei durch dein Herz ein- und ausströmt.

Aktiviere nun ein positives Gefühl, während du dich weiter auf deine Herzgegend und deine Atmung konzentrierst. Erinnere dich dafür an eine Situation, in der du dich besonders gut gefühlt hast, und versuche, dieses Gefühl erneut wachzurufcn. Oder aktiviere ein Gefühl von Liebe, die du für deinen Partner, guten Freund oder ein geliebtes Tier empfindest. Bleibe einige Minuten in diesem Zustand.

Spüre anschließend noch einige Zeit nach.

Schlusswort

Es gibt viele Möglichkeiten Intuition wieder als natürlichen Zustand in unserem Leben zu verstehen.

Darum würde ich mich freuen, wenn meine Ausführungen den Prozess, dass möglichst viele Menschen ihre Intuition wieder erwecken und mit ihr selbstbestimmt leben, anstoßen könnten. Als Essenz kann man festhalten, dass alle Übungen und Techniken die zur Entspannung und zum Loslassen beitragen eine wichtige Voraussetzung für die Entwicklung der Intuition sind. Es ist mein tiefes Anliegen Menschen in ihrer Bewusstwerdung zu begleiten.

Möge die Intuition uns in eine mitfühlende, gerechte, schöne und harmonische Zukunft führen.

Notizen

QUELLENVERZEICHNIS

GENAUER SCHAUEN!!!

Yogi Bhajan; Lecture Intuition und der meditative Geist
Schriftliche Aufzeichnungen aus dem Unterricht
Siri Atma Singh: Kundalini Yoga for Intuition & Desting (Englische Sprache)
ISBN 978-0-692-10283-1
Sangeet Singh Gill: Ursache und Wirkung Meme und Kundalini Yoga
ISBN 978-3-941566-27-9
Osho: Intuition-Einsichten jenseits des Verstandes"
ISBN 978-3-548-74112-3
Kurt Tepperwein; Intuition, Hellsehen und Hellhören
youtube kanal
Kurt Tepperwein; Kraftquelle Mentaltraining
ISBN 978-3-453-70259-2
Dr. Joseph Murphy; Intuition und Das Erwachen
youtube kanal
Dr. Joseph Murphy; Die Macht Ihres

Unterbewusstseins

ISBN 5-442-13260-6

Satya 115Singh, Fred Hageneder: Baumyoga
ISBN 3-89060-247-9

Anand Kaur Seitz; Kundalini Yoga Harmonie für Körper und Seele durch die Chakra-Energien

ISBN 978-3-499-60355-6

Yogi Bhajan PH.D und Gurucharan Singh Kalsa PH.D, Der Verstand

ISBN 3-934022-36-7

Yogi Bhajan Gurucharan Singh Khalsa: Breath Walk – das neue Yoga-Walking

ISBN 978-3-935767-95-8

Sylvia Herwig und Petra Nägele; Emotionale Balance durch Kundalini Yoga und Selbstcoaching

ISBN 978---89767-374-8

Gurmukh; Die 8 Gaben des Menschen

ISBN 978-3-89901-790-8

Satya Singh; Kundalini Yoga als Seelenreise

ISBN 978-3-7934-2411-6

Gregg Bradon; diverse Vorträge und Seminare zum Thema Intuition auf seinem youtube kana

Lasst uns gemeinsam wieder die Stimme unserer Intuition hören, und die Kraft entdecken, wie wir mit ihr ein neues lebenswertes Leben erschaffen können.

DANKE

INHALTSVERZEICHNIS

Einstimmung   4

Einleitung   7

Allgemeingültiges Wissen   13
Was ist Intuition?   13
Warum sind wir nicht mit unserer
Intuition verbunden?   26
Was können wir tun um wieder
intuitiv zu werden?   28
Selbstvertrauen   40
Liebe   42
Selbstliebe   46

Wie können wir lernen die
Intuition besser zu entwickeln?   47

Meine Erkenntnisse und Theorie   53

Praktische Anleitungen und Übungen
Aktivierung der Zirbeldrüse   56
Atem   58
Den Atem wahrnehmen   58
Einfache Atemübung   59
Die 4-4-4-4 Atmung   60

Atemspaziergang 61
Atemmeditation 68
Der eine Minute Atem 69

Achtsamkeit 72
Achtsamkeit in der Natur 72
Waldspaziergang-Waldbaden 74
Dehnübungen 78
Fokussieren 82
Vagusnerv aktivieren 84

Yoga 86
Kundalini-Yoga für Intuition 86

Meditation 88
Meditation für Intuition 93

**Mentale Übung nach
Dr. Joseph Murphy** 96

**Mentale Übung nach
Kurt-Tepperwein** 98

Hinweis zu weiteren Meditationen 99

**Fragestellung an das
Kosmische Informationsfeld** 100

Selbstgespräche 102

Gehirn-Herz-Kohärenz 106

**Heart-Math-Übung zum
Erlangen von Herzkohärenz** 108

Quellenverweis 111

Danke 113

Herstellung und Verlag: BoD – Books on
Demand, Norderstedt
ISBN: 9783758369179